LETTRE

A MM. LES ÉTUDIANTS DE PARIS

LETTRE

A MM. LES ÉTUDIANTS DE PARIS

« N'attendez de moi ni flatterie, ni injure,
« j'ai dit ce que j'ai pensé de bonne foi; je
« suis très-jeune; j'ai pu pécher contre la
« politique des tyrans, blâmer les lois fameuses
« et des coutumes reçues; mais, parce que
« j'étais très-jeune, il m'a semblé que j'en
« étais plus près de la nature. »

SAINT-JUST.

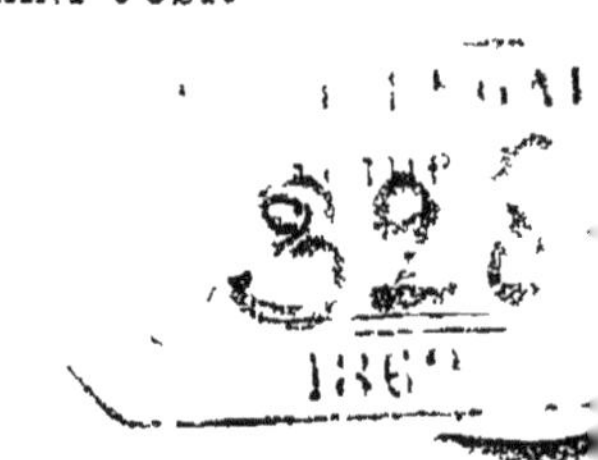

Prix : 30 centimes.

PARIS

CHEZ TOUS LES LIBRAIRES.

1869

LETTRE

A MM. LES ÉTUDIANTS DE PARIS.

MESSIEURS,

La situation est grave, très-grave ; elle a de quoi vous intéresser, elle y réussira. — Etudiant comme vous, ce n'est donc pas à des étrangers mais bien à des camarades que je m'adresse, et j'entends user de cette confraternité pour ne rien céler de ma pensée, dussé-je à certains endroits vous faire pousser les hauts cris.

Assez longtemps vous êtes restés dans l'ombre, assez longtemps vous vous êtes modestement effacés devant des hommes qui ne vous valaient point et ne vous vaudront jamais, vu leur insolence qui fait leur seul mérite, vu votre honnêteté qui est votre première vertu ; je crois le moment favorable : osez seulement lever la tête, le Roi-Soleil n'est plus, ainsi que ses rayons. — Vous êtes la jeunesse du pays, et partant sa force ; la nation compte sur vous, si vous comptez sur elle, qu'en adviendra-t-il? Vous vous montrez pleins d'indolence et de scepticisme, vous vivez par vos souvenirs et ne faites rien en deçà ; vous admirez la France de 1789, et méprisez la France de 1869 (on le dit du moins), eh bien ! c'est un tort, le dédain touche de près à l'indifférence, et de l'indifférence au fatalisme il n'y a qu'un pas. Faites ce pas et vous êtes perdus ! — Vous vous dites hommes, nous le voulons croire, et quand on vous demande des preuves, vous n'en savez trouver ; mais il en faut, fournissez-les. Vos plus belles années s'écoulent au quartier latin entre un pot de bière et une fille de joie : à l'un vous demandez la gaieté, à l'autre le bonheur ; avouez que vous n'avez rencontré ni l'un ni l'autre. Et pourtant vous avez dû chercher ; si vous n'avez rien découvert, c'est que le bonheur n'était pas là mais ailleurs. On prétend que chacun prend son plaisir où il le trouve, mais non où il le croit trouver, car là où il n'y a rien le roi perd ses droits, et il y a beau jour que vous avez perdu les vôtres.

Je sais que vous n'aimez point la police, que souvent vous avez eu maille à partir avec ses agents ; mais cette antipathie ne provenait que de la gêne apportée par eux à vos plaisirs. Maintenant la police a fermé les yeux et vous a laissés libres dans vos amours comme dans vos rixes ; vous avez chanté victoire, et vos cris ont couvert les éclats de rire de vos adversaires, car vous étiez vaincus au lieu de triompher. On a employé la ruse avec vous, on vous a joués comme des enfants, et vous avez mis en mouvement la roue qui vous allait écraser. Vous aviez la LICENCE, mais plus la LIBERTÉ ! — On prend les mouches avec du miel et les hommes avec de l'or ; les mouches sont folles, les hommes vénaux : avec vous, qui n'êtes ni sots, ni corrompus, on s'est gardé de pareils artifices, c'eût été froisser dangereusement votre probité comme votre intelligence ; on a fait mieux, on vous a pris avec la débauche.

Je sais encore que vous rêvez la liberté, mais comme une chimère insaisissable qui fuit dès qu'on l'approche. Le soir, en fumant votre pipe, il vous est arrivé de lancer en l'air quelques belles pensées avec des bouffées de tabac ; mais le vent emportait les unes et les autres, sans en laisser de traces.

Quand vous n'occupez point vos loisirs à de tendres passe-temps, vous causez des affaires pudiques ; mais ces moments sont rares, et vous ne résolvez jamais le problème que vous vous êtes posé. Vous parlez politique plutôt par genre que par raison, et quand vous ne jugez point avec mépris, vous condamnez avec violence. Ce sont vos deux extrêmes, et vous n'en sauriez démordre. C'est là le propre de la jeunesse, — le mien comme le vôtre, — de vouloir affirmer avant d'avoir raisonné, et l'on se croit plus haut d'une coudée quand on a déclaré qu'une chose était ainsi sans savoir seulement si elle était.

D'aucuns se sont battus pour une idée qui n'existait pas, d'aucuns pour un système qu'ils n'avaient pu développer. Plusieurs d'entre vous se sont fait arrêter pour narguer l'autorité : de quoi tout cela a-t-il servi? Ceux-ci ont acquis quelque estime parmi leurs camarades, ceux-là une certaine notoriété dans les grands journaux; si c'était là toute leur ambition, elle était bien mesquine; s'ils n'ont pas atteint le but, ils l'ont compromis.

Songez, messieurs, à ce que vous étiez autrefois, à ce que vous êtes aujourd'hui. Si épris que l'on soit de la république et de l'égalité, cet amour ne doit pas être poussé au point d'oublier sa personnalité et d'immoler ses droits sur l'autel de l'État. Jadis on comptait avec vous, maintenant c'est vous qui comptez avec le Gouvernement. Les rôles ont changé : il vous appartient de faire cesser au plus tôt ce travestissement. Le carnaval est fini, et les ris et les danses, et les jeux de toutes sortes;

l'orgie n'est plus pour vous, laissez-en les tristes joies et les dangereux résultats à la Cour et aux grands : pendant que ces gens s'enivrent, délibérez ; pendant qu'ils s'étourdissent, agissez.

Le gouvernement joue sa troisième partie d'échecs : il a beau jeu, et c'est un rude joueur ; — allez-vous rester spectateurs de cette grande lutte électorale? — Si vous n'entendez rien au jeu, quittez la partie sans la discuter, instruisez-vous et revenez prendre rang parmi les combattants. Jouez serré, n'avancez un pion qu'avec prudence et réflexion : un faux coup et adieu la victoire. Vous pouvez beaucoup si vous voulez, veuillez donc. Quelques hommes qu'on ne respecte qu'à cause de leurs cheveux blancs, vous donneront leur parole que la jeunesse est inexpérimentée, qu'elle se doit laisser guider par gens d'âge qui, mieux qu'elle, savent ce qui lui faut. Ces mêmes hommes vous jureront que tout est pour le mieux dans le meilleur des mondes, et que la plus douce philosophie n'est point celle du devoir, mais bien celle d'Aristippe. Et prenant un ton insinuant : « Amusez-vous jeunes gens, vous diront-ils, amu-

« sez-vous lorsqu'il en est temps encore ; plus tard, « vous pourrez à loisir écouter les tracas et les en« nuis de toute espèce, plus tard, vous saurez « juger, critiquer, reconnaître ce qui est bien de « ce qui est mal ; mais pour l'instant, la jeunesse « et l'amour vous tendent les bras, précipitez-vous « vers ces deux trésors, et au diable les affaires « sérieuses ! » Demandez à ces censeurs, affublés d'oripeaux et déguisés en Caton, ce que vaut chacune des paroles qu'ils prononcent, et combien leur rapporte chacun des discours qu'ils débitent ; puis, s'ils vous affirment que leur conseil est tout désintéressé, souffletez-les et dites-leur : « Infâmes, vous en avez menti ! »

Non, vous n'êtes pas inexpérimentés ; non, vous n'avez pas besoin qu'on dirige votre conscience ; chez vous l'instinct a remplacé la science, et le devoir la volupté.

Croyez-vous découvrir la vérité en fouillant des centaines de vieux livres ? Croyez-vous reconnaître la justice à l'accoutrement que lui a essayé un Machiavel doublé d'un Médicis ? Croyez-vous devenir plus honnêtes en devenant plus érudits? — Cherchez dans un ouvrage, et vous trouverez un paradoxe, — une forme de l'erreur. On n'invente pas la conscience, on ne la limite point non plus; chacun a la sienne et s'en doit servir. — Étudiez pour donner des lois au monde, et non pour décider s'il en faut ; étudiez pour prévenir les abus, non pour les discuter; étudiez pour fonder. Un ignorant sait bien si une maison est mal bâtie, mais il ne peut dire ce qu'on mettra à la place. C'est le rôle du savant de reconstruise.

On n'arrive à rien avec des paroles, on parvient à tout avec des faits. Vous avez trop longtemps dormi, secouez votre engourdissement et reprenez vos esprits. La situation actuelle vous mécontente, et vous ne savez que grommeler entre vos dents; parbleu le moment est bien choisi. A la veille de nommer vos représentants, vous vous étendez nonchalamment, en vous étirant de droite et de gauche, et en murmurant « tout va mal. »

Ne vous plaignez donc pas de votre condition, c'est vous-mêmes qui vous l'êtes faite ainsi.

Allons, messieurs, deux camps sont en présence : dans l'un vous trouverez richesses et honneurs, dans l'autre sacrifice et abnégation ;. — choisissez. Dans l'un, l'arbitraire s'efforce de renverser la justice, dans l'autre l'équité essaye de lutter avec la violence ; — optez !

Comme Hercule au début de sa vie, vous, au début de la vôtre, vous rencontrez deux routes bien opposées : la première mène à la fortune, la seconde conduit à l'exil, peut-être même à la mort. Entrez dans la voie honnête et vous n'en sortirez pas ; si la fortune ne vous y sourit point, vous pourrez, du moins, porter le front haut ; votre nom sera respecté, votre vertu admirée, votre parole vénérée. Il est vrai que vous n'aurez guère d'espoir d'être un jour maire de votre village, comblé d'honneurs, entouré d'amis, décoré..... ; bah ! croyez-moi, un maire n'est qu'un homme comme un autre, et encore pas toujours, — les honneurs passent, les amis lassent, et quant à la croix..... chacun la porte à sa manière.

Votez donc, Messieurs, votez de toutes vos

forces, non point pour les hommes, mais pour les idées qu'ils représentent; votez pour un candidat, non parce qu'il est fort, mais parce qu'il est honnête, et qu'honnête il représente une idée juste. — Ne vous laissez imposer ni par des paroles fallacieuses, ni par des brochures menteuses; des écrivains dont les convictions se retranchent derrière un écu d'or, et le courage derrière l'anonyme, ne sont pas des hommes, mais tout au plus des machines. Moi, je signe

Votre camarade,

A. ERHARD.

Paris. — Typ. A. PARENT, rue Monsieur-le-Prince, 31.

www.ingramcontent.com/pod-product-compliance
Ingram Content Group UK Ltd.
Pitfield, Milton Keynes, MK11 3LW, UK
UKHW020233200726
13856UKWH00004B/1742

9 782012 999091